Szkoła - skóli	2
Podróż - ferðalög	5
Transport - samgöngur	8
Miasto - borg	10
Krajobraz - landslag	14
Restauracja - veitingastaður	17
Supermarket - kjörbúð	20
Napoje - drykkir	22
Jedzenie - matur	23
Gospodarstwo chłopskie - bær	27
Dom - hús	31
Pokój dzienny - stofa	33
Kuchnia - eldhús	35
Łazienka - baðherbergi	38
Pokój dziecięcy - barnaherbergi	42
Ubiór - föt	44
Biuro - skrifstofa	49
Gospodarka - hagkerfi	51
Zawody - starfsgreinar	53
Narzędzia - verkfæri	56
Instrumenty muzyczne - hljóðfæri	57
Zoo - dýragarður	59
Sport - íþróttir	62
Działania - athafnir	63
Rodzina - fjölskylda	67
Ciało - líkami	68
Szpital - sjúkrahús	72
Nagły przypadek - neyðartilvik	76
Ziemia - Jörð	77
Zegar - klukka	79
Tydzień - vika	80
Rok - ár	81
Kształty - form	83
Kolory - litir	84
Przeciwieństwa - andstæður	85
Liczby - tölur	88
Języki - tungumál	90
kto / co / jak - hver / hvað / hvernig	91
gdzie - hvar	92

Impressum
Verlag: BABADADA GmbH, Nedderfeld 112 , 22529 Hamburg
Geschäftsführer / Verlagsleitung: Harald Hof
Druck: Books on Demand GmbH, In de Tarpen 42, 22848 Norderstedt

Imprint
Publisher: BABADADA GmbH, Nedderfeld 112 , 22529 Hamburg, Germany
Managing Director / Publishing direction: Harald Hof
Print: Books on Demand GmbH, In de Tarpen 42, 22848 Norderstedt, Germany

Szkoła
skóli

- Sala lekcyjna — kennslustofa
- dzielić — deila
- Tablica — tafla
- Nauczyciel — kennari
- Dziedziniec szkolny — skólalóð
- Papier — pappír
- pisać — skrifa
- Pisak — penni
- Biurko — skrifborð
- Liniał — reglustika
- Książka — bók
- Uczeń — nemandi

Plecak szkolny — skólataska	Piórnik — pennaveski	Ołówek — blýantur
Temperówka — yddari	Gumka do mazania — strokleður	Słownik ilustrowany — myndræn orðabók

Blok rysunkowy	**Rysunek**	**Pędzel**
teikniblað	teikning	pensill
Pudełko z akwarelami	**Nożyce**	**Klej**
litakassi	skæri	lím
Książka do ćwiczenia	**Zadanie domowe**	**Liczba**
æfingabók	heimavinna	númer
dodawać	**odejmować**	**mnożyć**
leggja saman	draga frá	margfalda
liczyć	**Litera**	**Alfabet**
reikna	bréf	stafróf

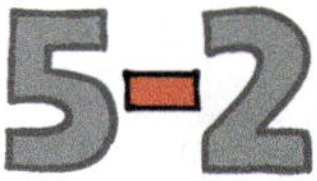

Szkoła - skóli

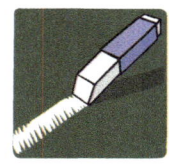

Słowo	Tekst	czytać
orð	texti	lesa
Kreda	Godzina	Dziennik lekcyjny
krít	kennslustund	kladdi
Egzamin	Świadectwo	Mundurek szkolny
próf	vottorð	skólabúningur
Wykształcenie	Leksykon	Uniwersytet
menntun	alfræðirit	háskóli
Mikroskop	Mapa	Kosz na odpadki
smásjá	kort	ruslakarfa

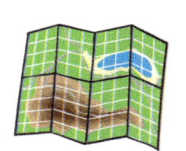

Szkoła - skóli

Podróż
ferðalög

Hotel — hótel
Schronisko — farfuglaheimili
Kantor wymiany walut — gjaldeyrisskipti
Walizka — ferðataska
Auto — bíll

Język — tungumál

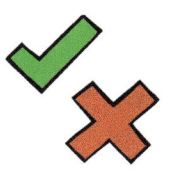

tak / nie — já / nei

OK — allt í lagi

Halo — halló

Tłumacz — þýðandi

Dziękuję — takk fyrir

Polski	Íslenska
Ile kosztuje ...?	hvað kostar…?
Nie rozumiem	Ég skil ekki
Problem	vandamál
Dobry wieczór!	Gott kvöld!
Dzień dobry!	Góðan dag!
Dobranoc!	Góða nótt!
Do widzenia	bless bless
Kierunek	átt
Bagaż	farangur
Torba	taska
Plecak	bakpoki
Gość	gestur
Pokój	herbergi
Śpiwór	svefnpoki
Namiot	tjald

Podróż - ferðalög

Polski	Islandzki
Informacja turystyczna	upplýsingamiðstöð
Plaża	strönd
Karta kredytowa	kreditkort
Śniadanie	morgunverður
Obiad	hádegisverður
Kolacja	kvöldmatur
Bilet	farmiði
Winda	lyfta
Znaczek na list	frímerki
Granica	landamæri
Cło	tollur
Ambasada	sendiráð
Wiza	vegabréfsáritun
Paszport	vegabréf

Podróż - ferðalög

Transport
samgöngur

- Samolot / flugvél
- Statek / skip
- Pojazd straży pożarnej / slökkviliðsbíll
- Autobus / strætó
- Samochód ciężarowy / vörubíll
- Łódź motorowa / vélbátur
- Auto / bíll
- Rower / hjól

Prom
ferja

Łódź
bátur

Motocykl
mótorhjól

Radiowóz policyjny
lögreglubíll

Samochód wyścigowy
kappakstursbíll

Samochód wypożyczony
bílaleigubíll

Transport - samgöngur

Wspólne przejazdy samochodem bílasamneyti	Samochód pomocy drogowej dráttarbíll	Śmieciarka öskubíll
Silnik vél	Benzyna eldsneyti	Stacja benzynowa bensínstöð
Znak drogowy umferðarskilti	Ruch umferð	Korek umferðarteppa
Parking bílastæði	Dworzec lestarstöð	Szyny járnbrautarteinar
Pociąg lest	Tramwaj sporvagn	Wagon vagn

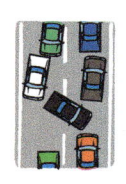

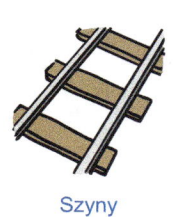

Transport - samgöngur

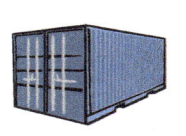

Helikopter	Lotnisko	Wieża
þyrla	flugvöllur	turn
Pasażer	Kontener	Karton
farþegi	gámur	pappakassi
Taczka	Kosz	startować / lądować
kerra	karfa	takast á loft / lenda

Miasto
borg

Wieś	Centrum miasta	Dom
þorp	miðbær	hús

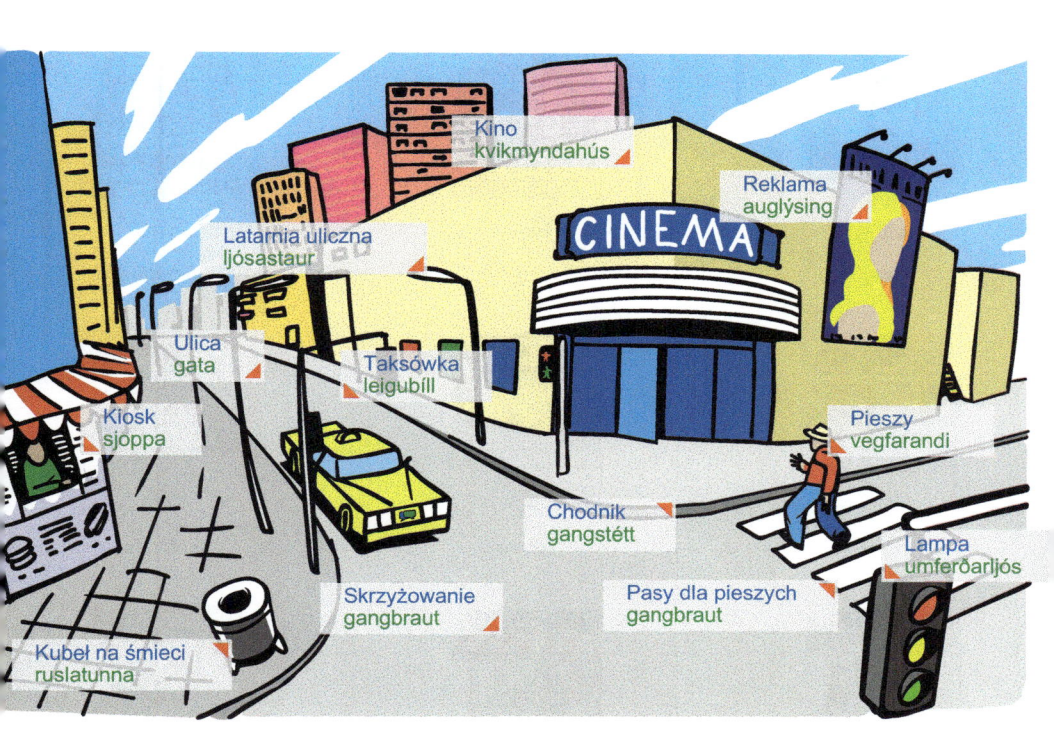

Kino / kvikmyndahús
Reklama / auglýsing
Latarnia uliczna / ljósastaur
Ulica / gata
Taksówka / leigubíll
Kiosk / sjoppa
Pieszy / vegfarandi
Chodnik / gangstétt
Lampa / umferðarljós
Skrzyżowanie / gangbraut
Pasy dla pieszych / gangbraut
Kubeł na śmieci / ruslatunna

Chata — skáli

Mieszkanie — íbúð

Dworzec — lestarstöð

Ratusz — ráðhús

Muzeum — safn

Szkoła — skóli

Miasto - borg

Polski	Íslenska
Uniwersytet	háskóli
Bank	banki
Szpital	sjúkrahús
Hotel	hótel
Apteka	apótek
Biuro	skrifstofa
Księgarnia	bókabúð
Sklep	búð
Kwiaciarnia	blómabúð
Supermarket	kjörbúð
Rynek	markaður
Dom towarowy	stórmarkaður
Sklep z rybami	fiskbúð
Centrum handlowe	verslunarmiðstöð
Port	höfn

Miasto - borg

Park	**Ławka**	**Most**
almenningsgarður	bekkur	brú
Schody	**Metro**	**Tunel**
stigi	neðanjarðarlest	göng
Przystanek autobusowy	**Bar**	**Restauracja**
biðstöð	bar	veitingastaður
Skrzynka na listy	**Tabliczka z nazwą ulicy**	**Parkometr**
póstkassi	götuskilti	stöðumælir
Zoo	**Łaźnia**	**Meczet**
dýragarður	sundlaug	moska

Miasto - borg

Gospodarstwo chłopskie
bær

Zanieczyszczenie środowiska
mengun

Cmentarz
kirkjugarður

Kościół
kirkja

Plac zabaw
leiksvæði

Świątynia
musteri

Krajobraz
landslag

Liść — laufblað
Drogowskaz — leiðarvísir
Droga — leið
Łąka — engi
Kamień — steinn
Drzewo — tré
Wędrowiec — göngufólk
Rzeka — á
Trawa — gras
Kwiat — blóm

Polski	Islandzki
Dolina	dalur
Góra	hæð
Jezioro	stöðuvatn
Las	skógur
Pustynia	eyðimörk
Wulkan	eldfjall
Zamek	kastali
Tęcza	regnbogi
Grzyb	sveppur
Palma	pálmatré
Komar	moskítófluga
Mucha	fluga
Mrówka	maur
Pszczoła	býfluga
Pająk	könguló

Krajobraz - landslag

Chrząszcz bjalla	**Żaba** froskur	**Wiewiórka** íkorni
Jeż broddgöltur	**Zając** héri	**Sowa** ugla
Ptak fugl	**Łabędź** svanur	**Dzik** villisvín
Jeleń dádýr	**Łoś** elgur	**Tama** stífla
Wiatrak vindmylla	**Moduł solarny** sólarrafhlaða	**Klimat** loftslag

Restauracja
veitingastaður

- Kelner — þjónn
- Menu — matseðill
- Krzesło — stóll
- Zupa — súpa
- Pizza — pizza
- Sztućce — hnífapör
- Obrus — dúkur

Przystawka	Danie główne	Deser
forréttur	aðalréttur	eftirréttur

Napoje	Jedzenie	Butelka
drykkir	matur	flaska

Restauracja - veitingastaður

Fastfood	skyndibiti
Streetfood	götumatur
Dzbanek na herbatę	teketill
Cukierniczka	sykurskál
Porcja	skammtur
Zaparzarka do espresso	espressóvél
Krzesło dla dziecka	barnastóll
Rachunek	reikningur
Taca	bakki
Nóż	hnífur
Widelec	gaffall
Łyżka	skeið
Łyżeczka	teskeið
Serwetka	servíetta
Szklanka	glas

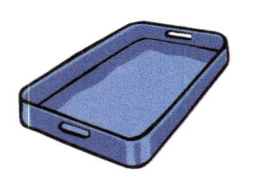

Restauracja - veitingastaður

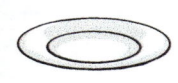

Talerz	**Talerz do zupy**	**Podstawek pod filiżankę**
diskur	súpudiskur	undirskál
Sos	**Solniczka**	**Młynek do pieprzu**
sósa	saltstaukur	piparkvörn
Ocet	**Olej**	**Przyprawy**
edik	olía	krydd
Keczup	**Musztarda**	**Majonez**
tómatsósa	sinnep	majónes

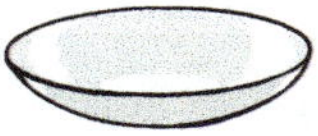

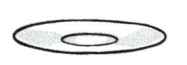

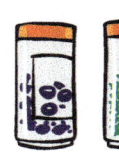

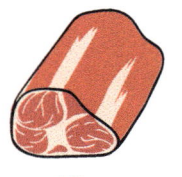

Supermarket
kjörbúð

- Oferta — tilboð
- Klient — viðskiptavinur
- Produkty mleczne — mjólkurvörur
- Wózek sklepowy — búðarkerra
- Owoce — ávöxtur

Rzeźnia	Piekarnia	ważyć
slátrari	bakarí	vega
Warzywa	Mięso	Mrożonki
grænmeti	kjöt	frosinn matur

Wędliny	Konserwy	Proszek m do prania
kjötálegg	niðursoðinn matur	þvottaefni
Słodycze	Artykuły użytku domowego	Środek czyszczący
sælgæti	vörur til heimilisnota	hreinsiefni
Sprzedawczyni	Kasa	Kasjer
afgreiðslukona	afgreiðslukassi	gjaldkeri
Lista zakupów	Godziny otwarcia	Portfel
innkaupalisti	opnunartímar	veski
Karta kredytowa	Torba	Torebka plastikowa
kreditkort	poki	plastpoki

Supermarket - kjörbúð

Napoje
drykkir

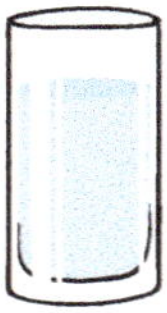

Woda	Sok	Mleko
vatn	safi	mjólk

Cola	Wino	Piwo
kók	vín	bjór

Alkohol	Kakao	Herbata
áfengi	kakó	te

Kawa	Espresso	Cappuccino
kaffi	espresso	kaffi

Jedzenie
matur

Banan	Jabłko	Pomarańcza
banani	epli	appelsínugulur
Arbuz	Cytryna	Marchew
melóna	sítróna	gulrót
Czosnek	Bambus	Cebula
hvítlaukur	bambus	laukur
Grzyb	Orzechy	Makaron
sveppir	hnetur	núðlur

Polski	Islandzki
Spaghetti	spagettí
Ryż	hrísgrjón
Sałatka	salat
Frytki	franskar kartöflur
Ziemniaki pieczone	steiktar kartöflur
Pizza	pizza
Hamburger	hamborgari
Kanapka	samloka
Sznycel	snitsel
Szynka	skinka
Salami	salami
Kiełbasa	pylsa
Kura	kjúklingur
Pieczeń	steik
Ryba	fiskur

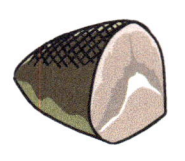

Jedzenie - matur

Polski	Islandzki
Płatki owsiane	haframjöl
Musli	múslí
Płatki kukurydziane	kornflögur
Mąka	hveiti
Croissant	franskt horn
Bułka	smábrauð
Chleb	brauð
Toast	ristað brauð
Ciastka	kex
Masło	smjör
Twarożek	ystingur
Ciasto	kaka
Jajko	egg
Jajko sadzone	spælt egg
Ser	ostur

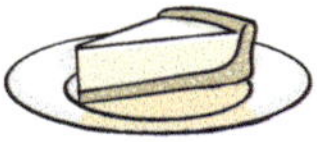

Jedzenie - matur

Lody	Cukier	Miód
ís	sykur	hunang
Marmolada	Krem nugatowy	Curry
sulta	súkkulaðiálegg	karrý

Gospodarstwo chłopskie
bær

Dom rolnika — bóndabær
Stodoła — hlaða
Baloty słomy — heybaggi
Pole — hagi
Koń — hestur
Przyczepa — kerra
Traktor — dráttarvél
Źrebię — folald
Osioł — asni
Owca — sauðfé
Jagnię — lamb

Koza — geit 
Krowa — kýr 
Cielę — kálfur

Świnia — svín
Prosię — grís 
Byk — naut 

Gospodarstwo chłopskie - bær

Gęś	**Kaczka**	**Kurczątko**
gæs	önd	ungi
Kura	**Kogut**	**Szczur**
hæna	hani	rotta
Kot	**Mysz**	**Osioł**
köttur	mús	uxi
Pies	**Buda dla psa**	**Wąż ogrodowy**
hundur	hundakofi	garðslanga
Konewka	**Kosa**	**Pług**
garðkanna	ljár	plógur

Gospodarstwo chłopskie - bær

Sierp — sigð	**Graca** — hlújárn	**Widły** — heygaffall
Siekiera — öxi	**Taczka** — hjólbörur	**Koryto** — trog
Kanka na mleko — mjólkurfata	**Worek** — poki	**Płot** — girðing
Stajnia — gripahús	**Szklarnia** — gróðurhús	**Ziemia** — jarðvegur
Nasiona — fræ	**Nawóz** — áburður	**Kombajn zbożowy** — kornskurðarvél

Gospodarstwo chłopskie - bær

zbierać	Żniwa	Podchrzyn
uppskera	uppskera	kínverskar kartöflur
Pszenica	Soja	Ziemniak
hveiti	soja	kartafla
Kukurydza	Rzepak	Drzewo owocowe
maís	repja	ávaxtatré
Maniok	Zboże	
maníókarót	korn	

Gospodarstwo chłopskie - bær

Dom
hús

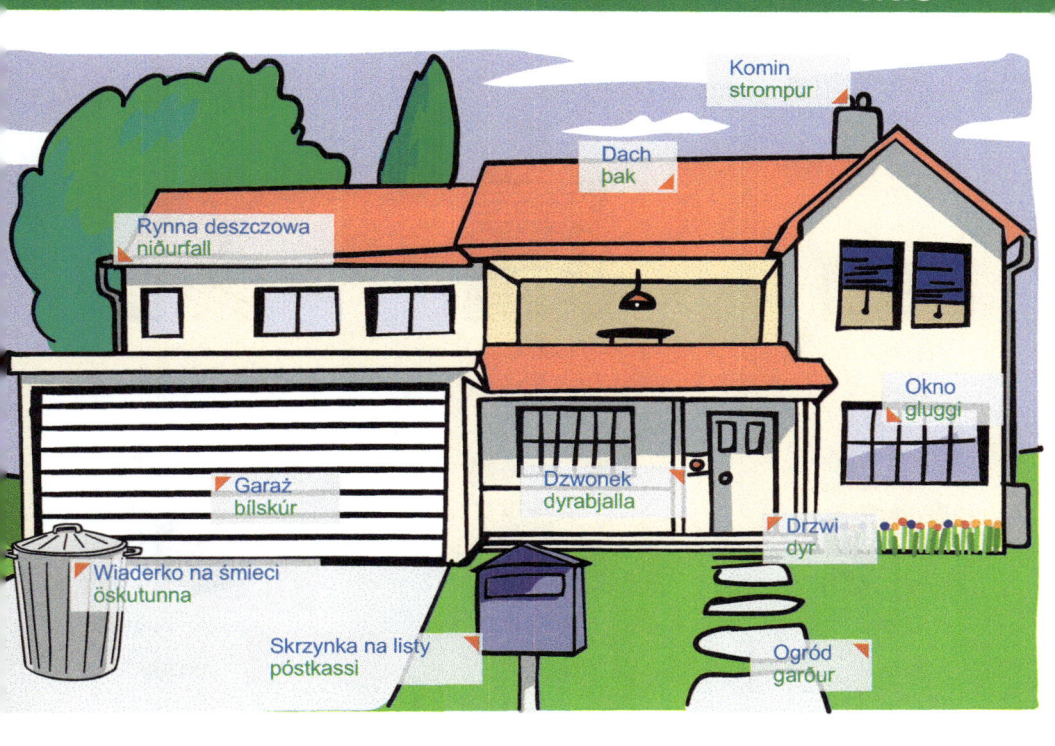

- Komin / strompur
- Dach / þak
- Rynna deszczowa / niðurfall
- Okno / gluggi
- Garaż / bílskúr
- Dzwonek / dyrabjalla
- Drzwi / dyr
- Wiaderko na śmieci / öskutunna
- Skrzynka na listy / póstkassi
- Ogród / garður

Pokój dzienny
stofa

Łazienka
baðherbergi

Kuchnia
eldhús

Sypialnia
svefnherbergi

Pokój dziecięcy
barnaherbergi

Jadalnia
borðstofa

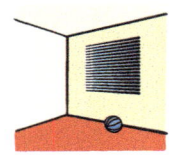

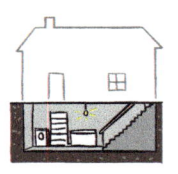

Ziemia	Ściana	Koc
gólf	veggur	loft
Piwnica	Sauna	Balkon
kjallari	gufubað	svalir
Taras	Basen	Kosiarka do trawy
verönd	sundlaug	sláttuvél
Poszwa	Kołdra	Łóżko
lak	rúmteppi	rúm
Miotła	Wiadro	Włącznik
kústur	fata	rofi

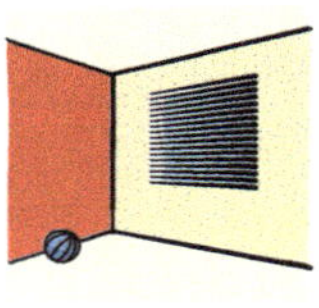

Dom - hús

Pokój dzienny
stofa

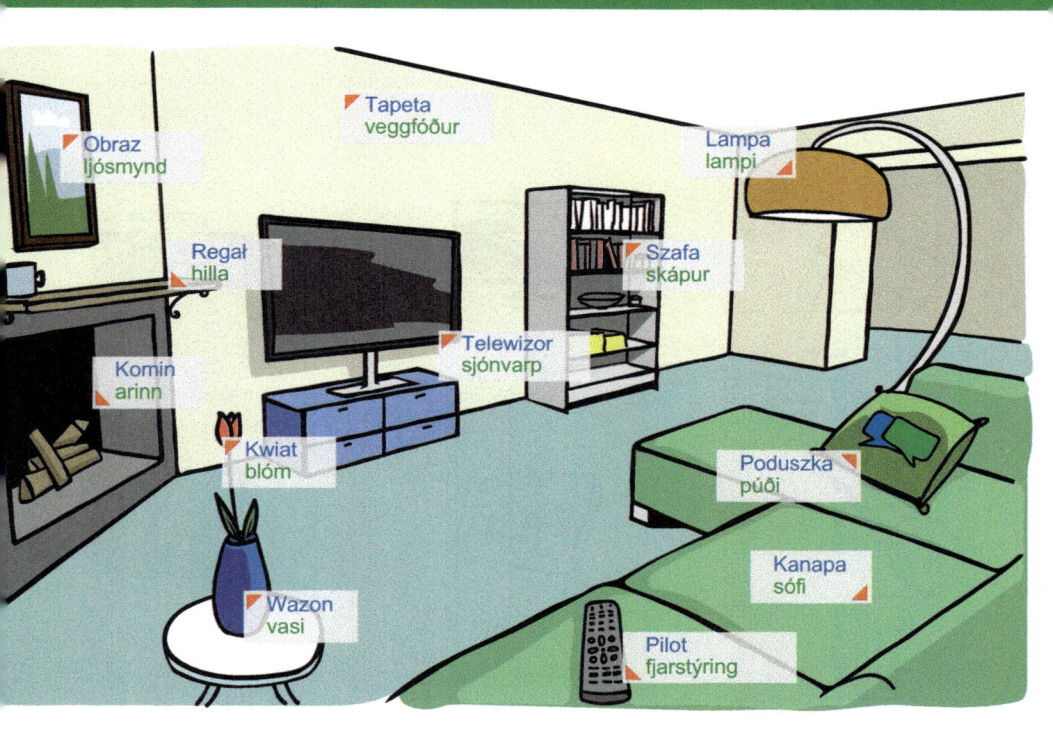

- Obraz — ljósmynd
- Tapeta — veggfóður
- Lampa — lampi
- Regał — hilla
- Szafa — skápur
- Komin — arinn
- Telewizor — sjónvarp
- Kwiat — blóm
- Poduszka — púði
- Kanapa — sófi
- Wazon — vasi
- Pilot — fjarstýring

Dywan	Zasłona	Stół
teppi	gardínur	borð

Krzesło	Bujak	Fotel
stóll	ruggustóll	hægindastóll

Polski	Islandzki
Książka	bók
Sufit	sæng
Dekoracja	skraut
Drewno kominkowe	eldiviður
Film	mynd
Instalacja stereo	hljómflutningstæki
Klucz	lykill
Gazeta	dagblað
Malunek	málverk
Plakat	veggspjald
Radio	útvarp
Notatnik	minnisbók
Odkurzacz	ryksuga
Kaktus	kaktus
Świeczka	kerti

Pokój dzienny - stofa

Kuchnia
eldhús

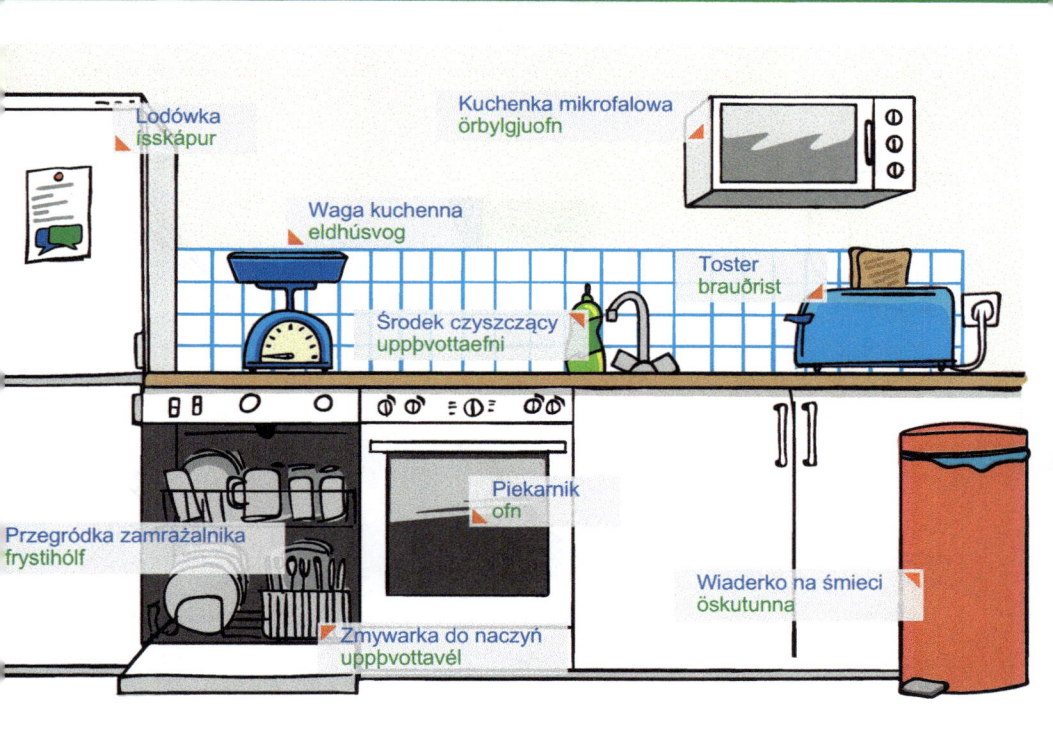

- Lodówka / ísskápur
- Kuchenka mikrofalowa / örbylgjuofn
- Waga kuchenna / eldhúsvog
- Toster / brauðrist
- Środek czyszczący / uppþvottaefni
- Piekarnik / ofn
- Przegródka zamrażalnika / frystihólf
- Wiaderko na śmieci / öskutunna
- Zmywarka do naczyń / uppþvottavél

Kuchenka	Garnek	Kocioł żeliwny
eldavél	pottur	steypujárnspottur

Wok / Kadai	Patelnia	Czajnik
wok/kadai	panna	ketill

Kuchnia - eldhús

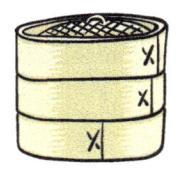

Parowar	Blacha do pieczenia	Naczynia kuchenne
gufukarfa	ofnform	leirtau
Kubek	Miska	Pałeczki
mál	skál	prjónar
Nabierka	Łopatka do smażenia	Trzepaczka do śmietany
ausa	spaði	pískur
Cedzak	Sitko	Tarka
sigti	málmsigti	rifjárn
Moździerz	Grillowanie	Palenisko
mortél	grill	opinn eldur

Kuchnia - eldhús

Deska	**Wałek do ciasta**	**Korkociąg**
skurðarbretti	kökukefli	tappatogari
Puszka	**Otwieracz do puszek**	**Ściereczka do trzymania garnka**
dós	dósaopnari	pottaleppur
Umywalka	**Szczotka**	**Gąbka**
vaskur	bursti	svampur
Mikser	**Zamrażarka**	**Butelka dla niemowlęcia**
blandari	frystir	peli
Kran		
blöndunartæki		

Kuchnia - eldhús

Łazienka
baðherbergi

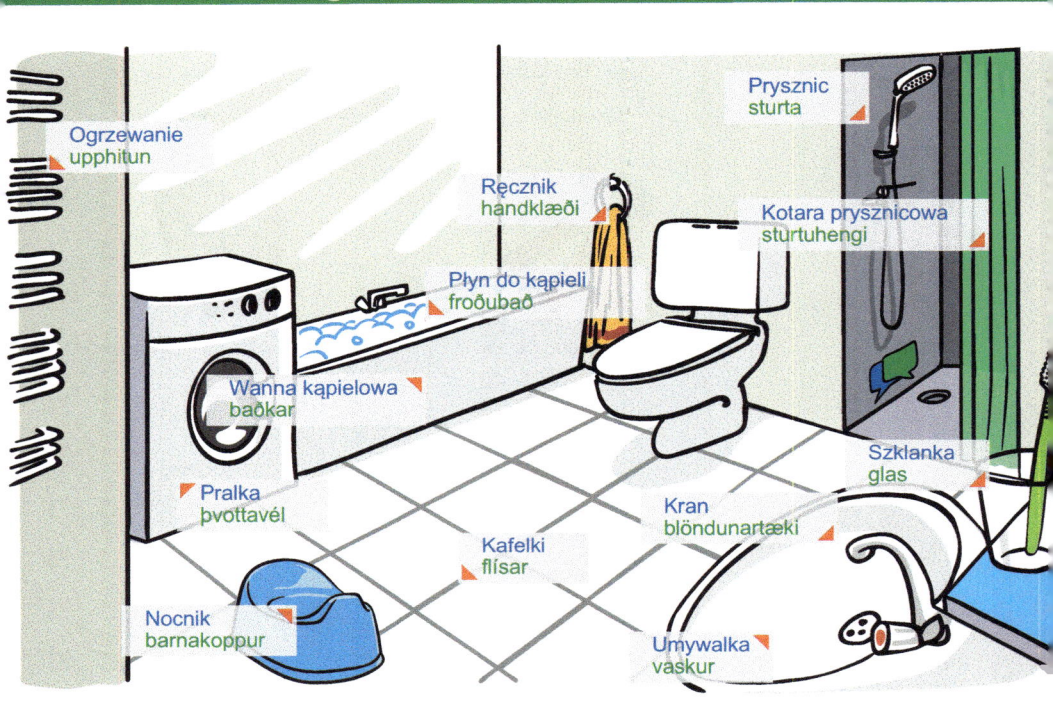

- Ogrzewanie / upphitun
- Prysznic / sturta
- Ręcznik / handklæði
- Kotara prysznicowa / sturtuhengi
- Płyn do kąpieli / froðubað
- Wanna kąpielowa / baðkar
- Pralka / þvottavél
- Szklanka / glas
- Kran / blöndunartæki
- Kafelki / flísar
- Nocnik / barnakoppur
- Umywalka / vaskur

Toaleta
salerni

Toaleta kuczna
salerni án setu

Bidet
skolskál

Pisuar
þvagskál

Papier toaletowy
salernispappír

Szczotka toaletowa
salernisbursti

Szczoteczka do zębów	Pasta do zębów	Nitki do czyszczenia zębów
tannbursti	tannkrem	tannþráður
myć	Głowica prysznicowa	Płyn kąpielowy do higieny intymnej
þvo	handsturta	salernissturta
Miska do mycia	Szczotka kąpielowa	Mydło
vaskur	bakbursti	sápa
Żel prysznicowy	Szampon	Rękawica kąpielowa
sturtugel	sjampó	flannel
Odpływ	Krem	Dezodorant
niðurfall	krem	svitalyktareyðir

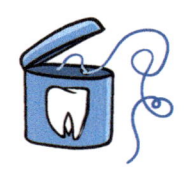

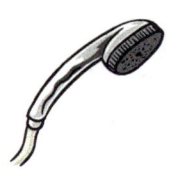

Łazienka - baðherbergi

Polski	Islandzki
Lustro	spegill
Lustro kosmetyczne	handspegill
Golarka	rakskafa
Pianka do golenia	raksápa
Woda po goleniu	rakspíri
Grzebień	greiða
Szczotka	bursti
Suszarka do włosów	hárþurrka
Spray do włosów	hársprey
Makijaż	farði
Pomadka	varalitur
Lakier do paznokci	naglalakk
Wata	bómull
Nożyczki do paznokci	naglaklippur
Perfum	ilmvatn

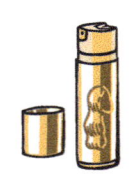

Łazienka - baðherbergi

Polski	Isländsku
Kosmetyczka	þvottapoki
Taboret	kollur
Waga	vog
Szlafrok kąpielowy	sloppur
Rękawice gumowe	gúmmíhanskar
Tampon	tíðatappi
Podpaska damska	dömubindi
Toaleta chemiczna	efnasalerni

Łazienka - baðherbergi

Pokój dziecięcy
barnaherbergi

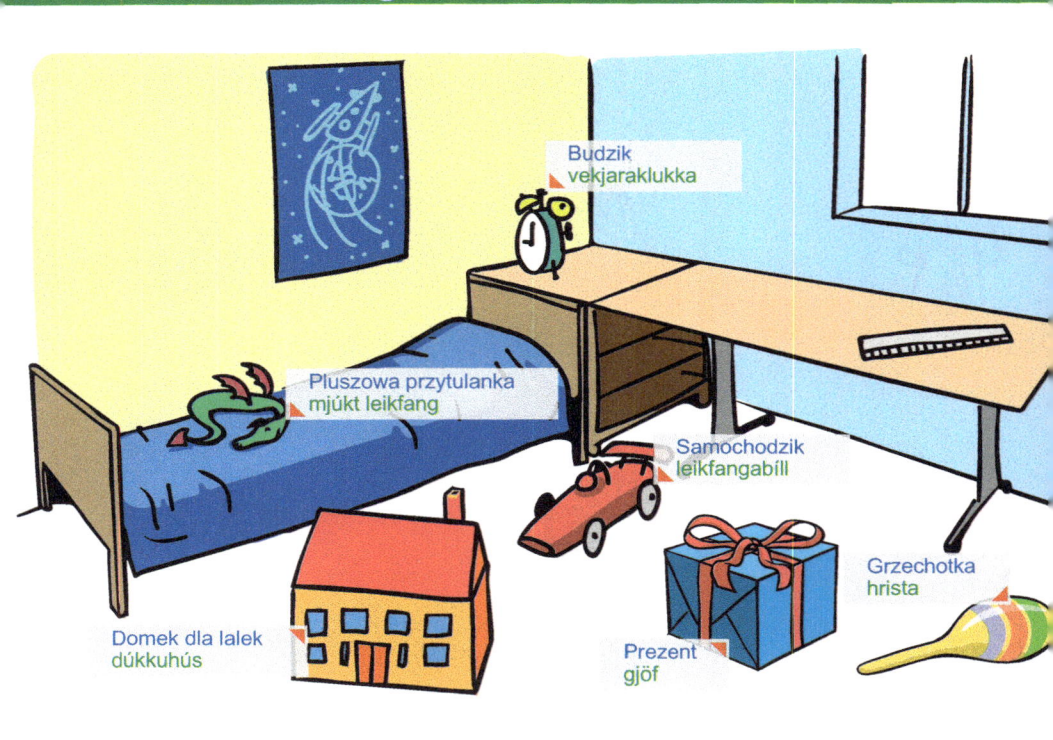

Budzik vekjaraklukka

Pluszowa przytulanka mjúkt leikfang

Samochodzik leikfangabíll

Domek dla lalek dúkkuhús

Prezent gjöf

Grzechotka hrista

Balon
blaðra

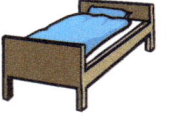

Łóżko
rúm

Wózek dziecięcy
barnavagn

Gra w karty
spilastokkur

Puzzle
púsluspil

Komiks
myndasaga

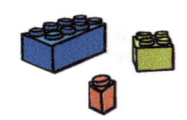

Klocki lego	Klocki	Action figura
legókubbar	leikfangakubbar	leikfangakall
Śpioszek dziecięcy	Frisbee	Zabawki ruchome
samfestingur	Frisbídiskur	órói
Gra planszowa	Kości	Kolejka elektryczna
spilaborð	teningar	lestarlíkan
Smoczek	Przyjęcie	Książka z ilustracjami
snuð	veisla	myndabók
Piłka	Lalka	bawić się
bolti	brúða	spila

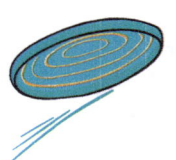

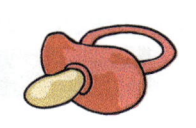

Pokój dziecięcy - barnaherbergi

Piaskownica
sandkassi

Huśtawka
sveifla

Zabawki
leikföng

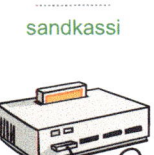

Konsola do gier
leikjatölva

Rowerek trójkołowy
þríhjól

Pluszowy miś
bangsi

Szafa ubraniowa
fataskápur

Ubiór
föt

Skarpety
sokkar

Pończochy
kvensokkabuxur

Rajstopy
sokkabuxur

Szal / trefill

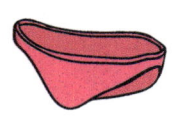

Parasol / regnhlíf

T-Shirt / stuttermabolur

Pasek / belti

Kozaki / skór

Pantofle domowe / inniskór

Obuwie sportowe / strigaskór

Sandały	Buty	Kalosze
sandalar	skór	gúmmístígvél
Majtki	Biustonosz	Podkoszulek
nærbuxur	brjóstahaldari	vesti

Ubiór - föt

Polski	Islandzki
Body	samfella
Spodnie	buxur
Dżins	gallabuxur
Spódnica	pils
Bluzka	blússa
Koszula	skyrta
Pulower	peysa
Bluza sportowa	hettupeysa
Marynarka	jakki
Kurtka	jakki
Płaszcz	frakki
Płaszcz przeciwdeszczowy	regnfrakki
Kostium	dragt
Sukienka	kjóll
Suknia ślubna	brúðarkjóll

Ubiór - föt

Polski	Isländski
Garnitur męski	jakkaföt
Koszula nocna	náttkjóll
Piżama	náttföt
Sari	Sari
Chusta na głowę	höfuðslæða
Turban	túrban
Burka	búrka
Kaftan	kaftan
Abaya	abaya
Strój kąpielowy	sundföt
Kąpielówki	sundbuxur
Krótkie spodnie	stuttbuxur
Dres sportowy	íþróttagalli
Fartuch	svunta
Rękawiczki	hanskar

Ubiór - föt

Polski	Íslenska
Guzik	hnappur
Okulary	gleraugu
Bransoletka	armband
Łańcuszek	hálsmen
Pierścionek	hringur
Kolczyk	eyrnalokkur
Czapka	húfa
Wieszak	herðatré
Kapelusz	hattur
Krawat	bindi
Zamek błyskawiczny	rennilás
Kask	hjálmur
Szelki	axlabönd
Mundurek szkolny	skólabúningur
Mundur	einkennisbúningur

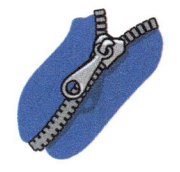

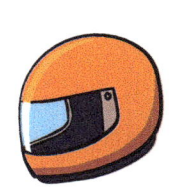

Ubiór - föt

Śliniaczek
smekkur

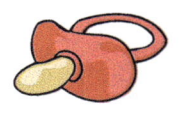

Smoczek
snuð

Pieluszka
bleyja

Biuro
skrifstofa

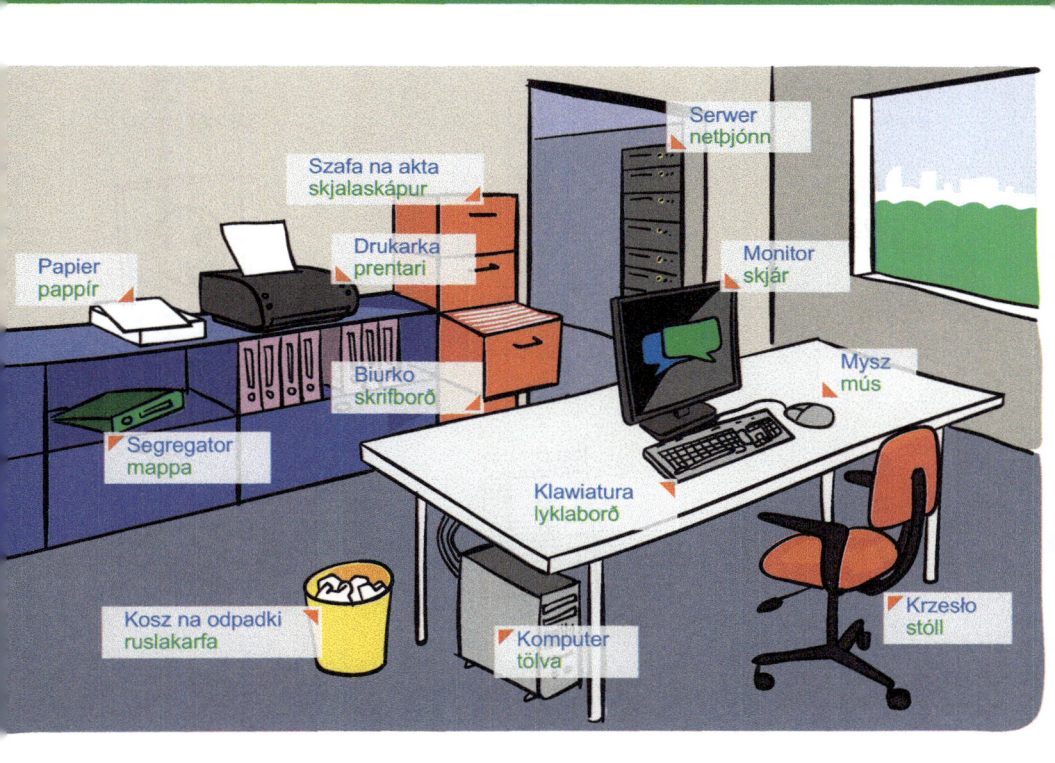

- Serwer / netþjónn
- Szafa na akta / skjalaskápur
- Drukarka / prentari
- Monitor / skjár
- Papier / pappír
- Mysz / mús
- Biurko / skrifborð
- Segregator / mappa
- Klawiatura / lyklaborð
- Kosz na odpadki / ruslakarfa
- Komputer / tölva
- Krzesło / stóll

Filiżanka do kawy
kaffibolli

Kalkulator
reiknivél

Internet
internet

Biuro - skrifstofa

Laptop	List	Wiadomość
fartölva	bréf	skilaboð
Komórka	Sieć	Kopiarka
farsími	net	ljósritunarvél
Oprogramowanie	Telefon	Gniazdko
hugbúnaður	sími	innstunga
Faks	Formularz	Dokument
faxtæki	eyðublað	skjal

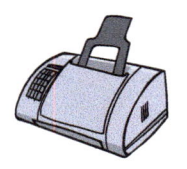

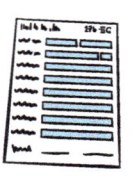

Gospodarka
hagkerfi

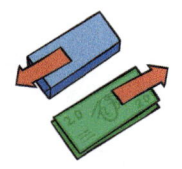

kupić	płacić	postępować
kaupa	borga	versla

Pieniądze	Dolar	Euro
peningar	dollari	evra

Jen	Rubel	Frank
jen	rúbla	svissneskur franki

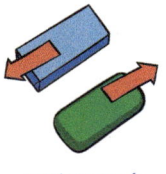

Juan Renminbi	Rupia	Bankomat
renminbi yuan	rúpíur	hraðbanki

Polski	Isländski
Kantor wymiany walut	gjaldeyrisskipti
Złoto	gull
Srebro	silfur
Olej	olía
Energia	orka
Cena	verð
Umowa	samningur
Podatek	skattur
Akcja	hlutabréf
pracować	vinna
Pracownik umysłowy	starfsmaður
Pracodawca	vinnuveitandi
Fabryka	verksmiðja
Sklep	búð

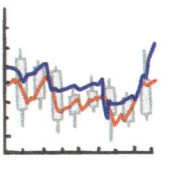

Gospodarka - hagkerfi

Zawody
starfsgreinar

Policjant
lögreglumaður

Strażak
slökkviliðsmaður

Kucharz
kokkur

Lekarz
læknir

Pilot
flugmaður

Ogrodnik
garðyrkjumaður

Stolarz
smiður

Krawcowa
saumakona

Sędzia
dómari

Chemik
lyfjafræðingur

Aktor
leikari

Polski	Íslenska
Kierowca autobusu	strætóbílstjóri
Taksówkarz	leigubílstjóri
Fischer	sjómaður
Sprzątaczka	ræstitæknir
Dekarz	þaksmiður
Kelner	þjónn
Myśliwy	veiðimaður
Malarz	málari
Piekarz	bakari
Elektryk	rafvirki
Robotnik budowlany	byggingaverkamaður
Inżynier	verkfræðingur
Rzeźnik	slátrari
Instalator	pípari
Listonosz	póstmaður

Zawody - starfsgreinar

Polski	Íslenska
Żołnierz	hermaður
Architekt	arkitekt
Kasjer	gjaldkeri
Florysta	blómasali
Fryzjer	hárgreiðslumaður
Konduktor	lestarstjóri
Mechanik	vélvirki
Kapitan	skipstjóri
Dentysta	tannlæknir
Naukowiec	vísindamaður
Rabin	rabbíi
Imam	Imam
Mnich	munkur
Proboszcz	prestur

Zawody - starfsgreinar

Narzędzia
verkfæri

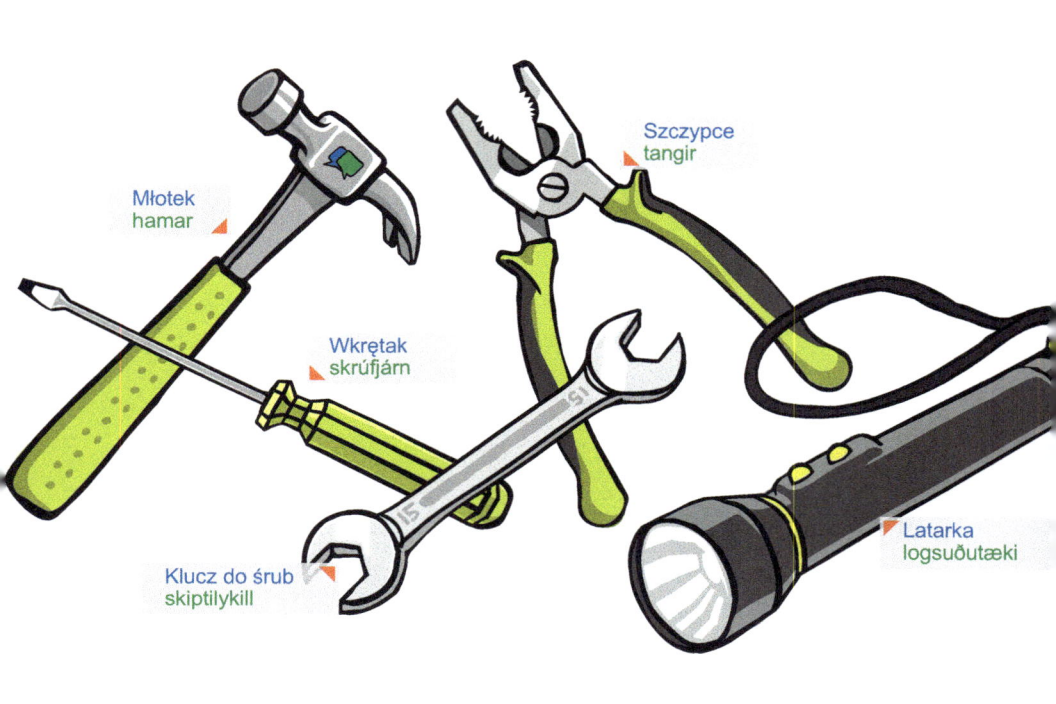

Młotek / hamar

Szczypce / tangir

Wkrętak / skrúfjárn

Klucz do śrub / skiptilykill

Latarka / logsuðutæki

Koparka
grafa

Skrzynka narzędziowa
verkfærataska

Drabina
stigi

Piła
sög

Gwoździe
naglar

Wiertło
bor

naprawić
gera við

Łopatka
skófla

Cholera!
Fjandinn!

Szufelka
fægiskófla

Puszka z farbą
málningarfata

Śruby
skrúfur

Instrumenty muzyczne
hljóðfæri

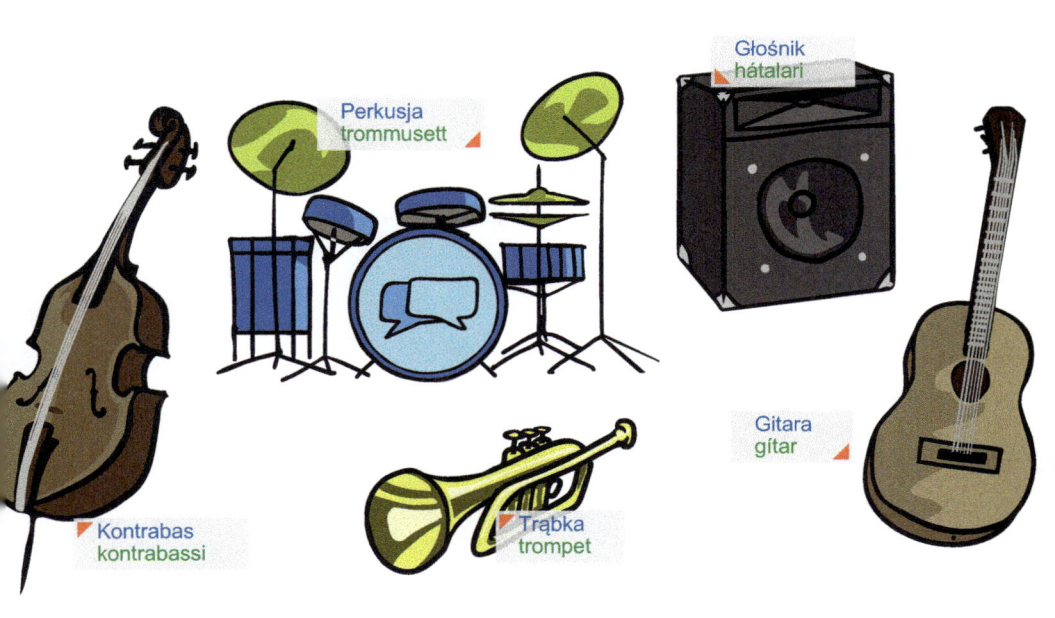

Głośnik
hátalari

Perkusja
trommusett

Gitara
gítar

Kontrabas
kontrabassi

Trąbka
trompet

Pianino	Skrzypce	Bas
píanó	fiðla	bassi

Kotły	Bęben	Keyboard
pákur	trommur	hljómborð

Saksofon	Flet	Mikrofon
saxófónn	flauta	hljóðnemi

Instrumenty muzyczne - hljóðfæri

Zoo
dýragarður

Wejście / inngangur
Tygrys / tígrisdýr
Klatka / búr
Zebra / sebrahestur
Pasza / fóður
Panda / pandabjörn

Zwierzęta
dýr

Słoń
fíll

Kangur
kengúra

Nosorożec
nashyrningur

Goryl
górilla

Niedźwiedź
skógarbjörn

Polski	Íslenska
Wielbłąd	úlfaldi
Struś	strútur
Lew	ljón
Małpa	api
Fleming	flamingó
Papuga	páfagaukur
Niedźwiedź polarny	ísbjörn
Pingwin	mörgæs
Rekin	hákarl
Paw	páfugl
Wąż	snákur
Krokodyl	krókódíll
Dozorca w zoo	dýragarðsvörður
Foka	selur
Jaguar	jagúar

Zoo - dýragarður

Kucyk	Gepard	Hipopotam
hestur	hlébarði	flóðhestur
Żyrafa	Orzeł	Dzik
gíraffi	örn	villisvín
Ryba	Żółw	Mors
fiskur	skjaldbaka	rostungur
Lis	Gazela	
refur	gasella	

Zoo - dýragarður

Sport
íþróttir

Futbol amerykański
Amerískur fótbolti

Kolarstwo
hjólreiðar

Tenis
tennis

Koszykówka
körfubolti

Pływanie
sund

Boks
hnefaleikar

Hokej na lodzie
íshokkí

Piłka nożna
fótbolti

Badminton
hnit

Lekka atletyka
frjálsar íþróttir

Piłka ręczna
handbolti

Narciarstwo
skíði

Polo
póló

Sport - íþróttir

Działania
athafnir

- skakać / hoppa
- śmiać się / hlæja
- objąć / faðma
- iść / ganga
- śpiewać / syngja
- marzyć / dreyma
- modlić się / biðja
- całować / kyssa

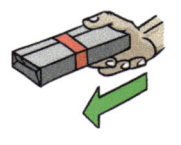

pisać	rysować	pokazywać
skrifa	teikna	sýna

nacisnąć	dać	wziąć
ýta	gefa	taka

mieć / hafa	robić / gera	być / vera
stać / standa	biegać / hlaupa	ciągnąć / draga
rzucać / kasta	spaść / detta	leżeć / ljúga
czekać / bíða	nosić / bera	siedzieć / sitja
zakładać / klæða sig	spać / sofa	budzić się / vakna

Działania - athafnir

spojrzeć	płakać	głaskać
líta á	gráta	strjúka
czesać się	mówić	rozumieć
greiða	tala	skilja
pytać	słyszeć	pić
spyrja	hlusta	drekka
jeść	sprzątać	kochać
borða	taka til	elska
gotować	jechać	latać
elda	keyra	fljúga

Działania - athafnir

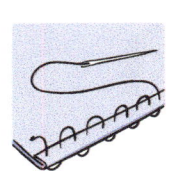

żeglować	liczyć	czytać
sigla	reikna	lesa
uczyć się	pracować	wejść w związek małżeński
læra	vinna	giftast
szyć	myć zęby	zabić
sauma	bursta tennur	drepa
palić tytoń	wysłać	
reykja	senda	

Działania - athafnir

Rodzina
fjölskylda

- Babcia / amma
- Dziadek / afi
- Ojciec / faðir
- Matka / móðir
- Niemowlę / barn
- Córka / dóttir
- Syn / sonur

Gość	Ciotka	Wujek
gestur	frænka	frændi

Brat	Siostra
bróðir	systir

Ciało
líkami

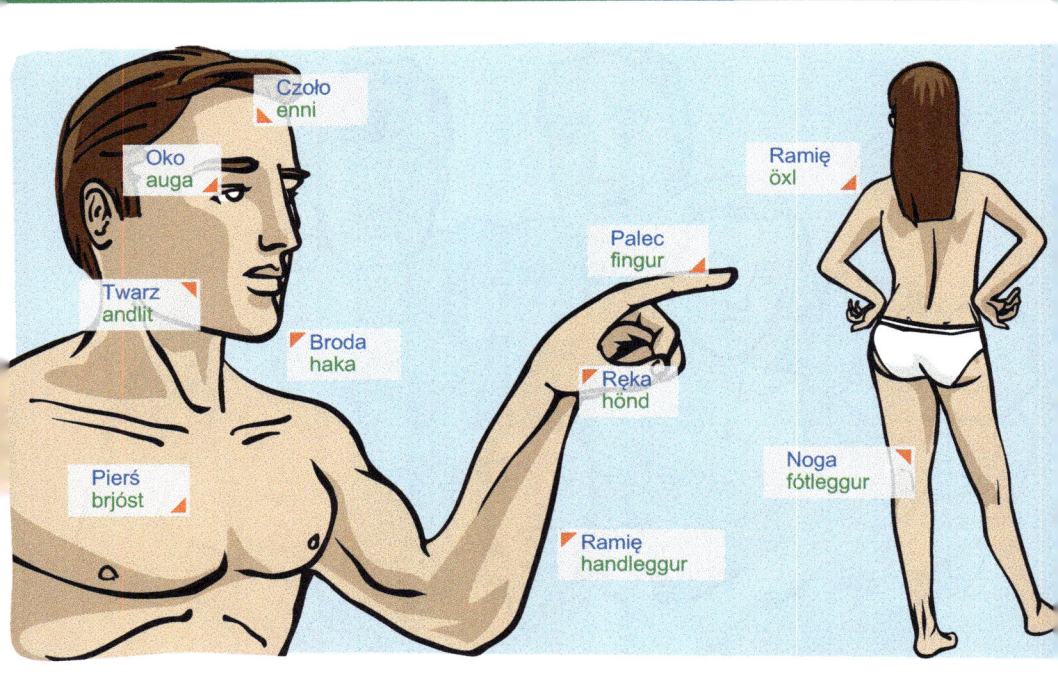

- Czoło — enni
- Oko — auga
- Twarz — andlit
- Broda — haka
- Pierś — brjóst
- Palec — fingur
- Ręka — hönd
- Ramię — handleggur
- Ramię — öxl
- Noga — fótleggur

Niemowlę
barn

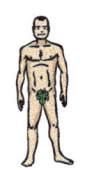

Mężczyzna
maður

Kobieta
kona

Dziewczyna
stúlka

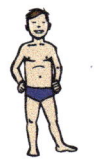

Chłopiec
drengur

Głowa
höfuð

Ciało - líkami

Plecy	bak
Brzuch	kviður
Pępek	nafli
palec nogi	tá
Pięta	hæll
Kość	bein
Biodro	mjöðm
Kolano	hné
Łokieć	olnbogi
Nos	nef
Pośladki	rass
Skóra	húð
Policzek	kinn
Uszy	eyra
Warga	vör

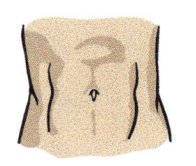

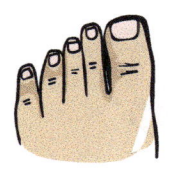

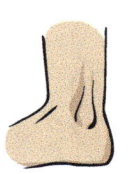

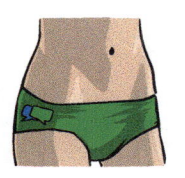

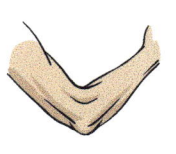

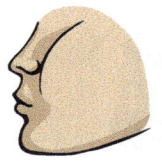

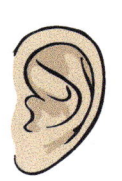

Ciało - líkami

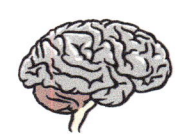

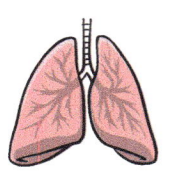

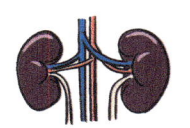

Usta	Ząb	Język
munnur	tönn	tunga
Mózg	Serce	Mięsień
heili	hjarta	vöðvi
Płuca	Wątroba	Żołądek
lunga	lifur	magi
Nerki	Stosunek płciowy	Kondom
nýru	kynmök	smokkur
Komórka jajowa	Sperma	Ciąża
eggfruma	sæði	ólétta

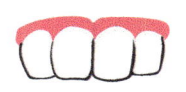

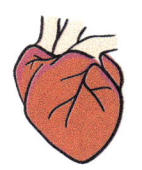

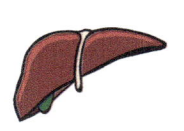

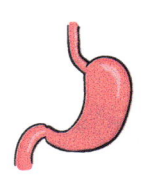

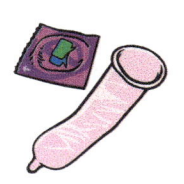

Ciało - líkami

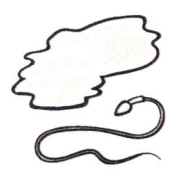

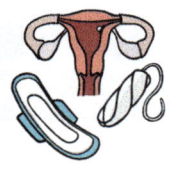

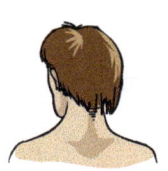

Menstruacja	Wagina	Penis
tíðir	leggöng	typpi
Brew	Włosy	Szyja
augabrún	hár	háls

Szpital
sjúkrahús

- Szpital / sjúkrahús
- Karetka pogotowia / sjúkrabíll
- Wózek inwalidzki / hjólastóll
- Złamanie / beinbrot

Lekarz
læknir

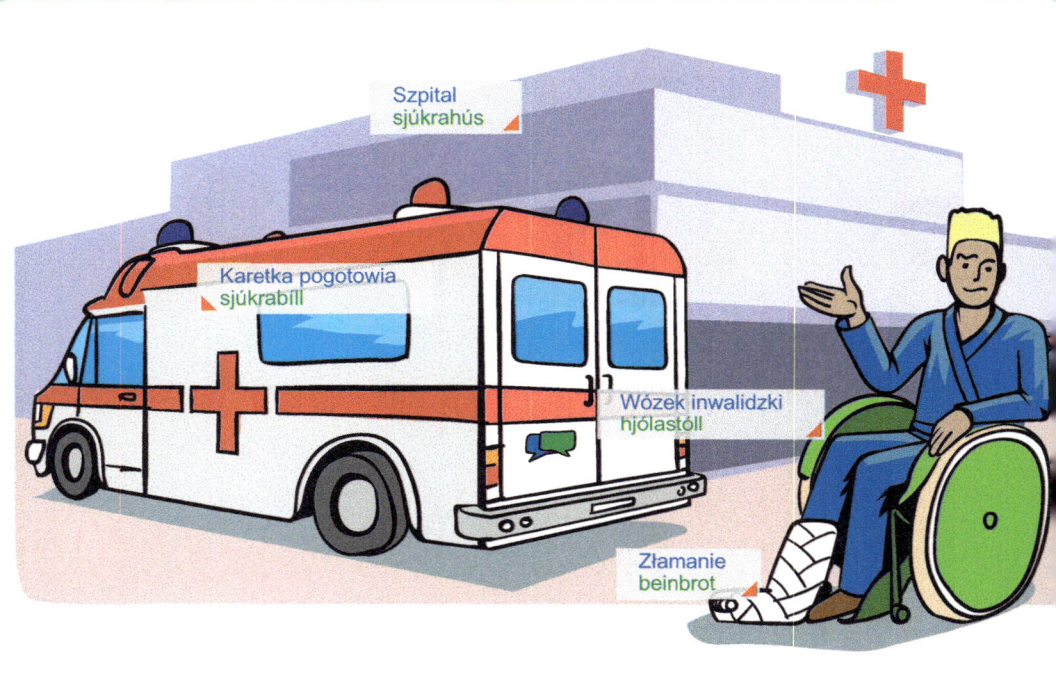

Izba przyjęć
bráðamóttaka

Pielęgniarka
hjúkrunarfræðingur

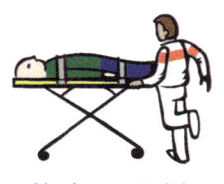

Nagły przypadek
neyðartilvik

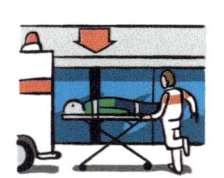

nieprzytomny
meðvitundarlaus

Ból
verkir

Szpital - sjúkrahús

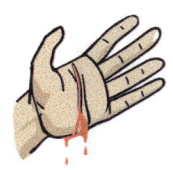

Skaleczenie	meiðsli
Krwawienie	blæðing
Zawał serca	hjartaáfall
Udar mózgu	heilablóðfall
Alergia	ofnæmi
Kaszleć	hósti
Gorączka	hiti
Grypa	flensa
Biegunka	niðurgangur
Ból głowy	höfuðverkur
Rak	krabbamein
Cukrzyca	sykursýki
Chirurg	skurðlæknir
Skalpel	skurðhnífur
Operacja	aðgerð

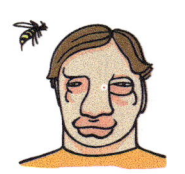

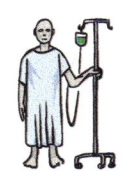

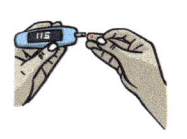

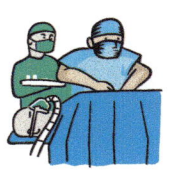

Szpital - sjúkrahús

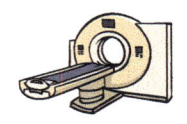

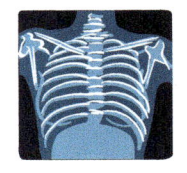

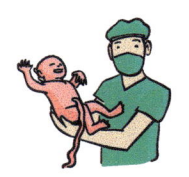

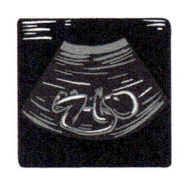

CT	**Rentgen**	**Ultradźwięki**
sneiðmyndataka	röntgengeisli	ómskoðun
Maska	**Choroba**	**Poczekalnia**
andlitsgríma	sjúkdómur	biðstofa
Kula	**Plaster**	**Opatrunek**
hækja	gifs	sáraumbúðir
Iniekcja	**Stetoskop**	**Nosze**
sprauta	hlustunarpípa	börur
Termometr	**Poród**	**Nadwaga**
líkamshitamælir	fæðing	yfirvigt

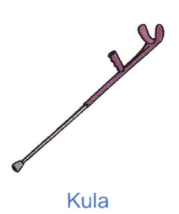

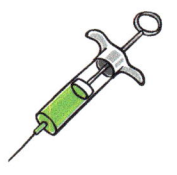

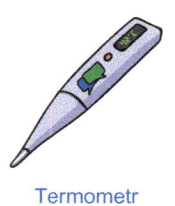

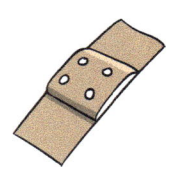

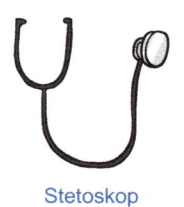

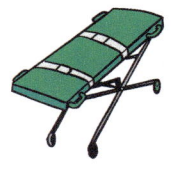

Szpital - sjúkrahús

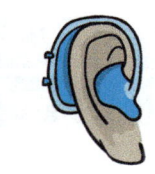

Aparat słuchowy	Środek dezynfekcyjny	Infekcja
heyrnartæki	sótthreinsiefni	sýking
Wirus	HIV / AIDS	Medycyna
veira	HIV / AIDS	lyf
Szczepienie	Tabletki	Pigułka
bólusetning	töflur	pilla
Telefon ratunkowy	Ciśnieniomierz krwi	chory / zdrowy
neyðarsímtal	blóðþrýstingsmælir	lasinn / heilbrigður

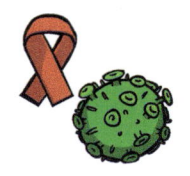

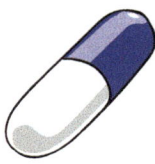

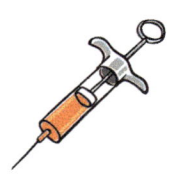

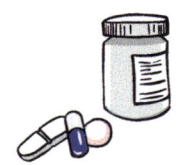

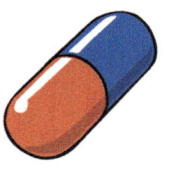

Szpital - sjúkrahús

Nagły przypadek
neyðartilvik

Pomocy!	Alarm	Napad
Hjálp!	viðvörun	líkamsárás
Atak	Niebezpieczeństwo	Wyjście awaryjne
árás	hætta	neyðarútgangur
Pożar!	Gaśnica	Wypadek
Eldur!	slökkvitæki	slys
Walizeczka pierwszej pomocy	SOS	Policja
skyndihjálparbúnaður	SOS	lögregla

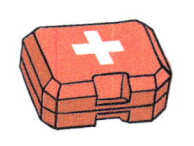

Ziemia
Jörð

Europa	Ameryka Północna	Ameryka Południowa
Evrópa	Norður-Ameríka	Suður-Ameríka

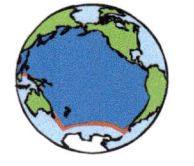

Afryka	Azja	Australia
Afríka	Asía	Ástralía

Atlantyk	Pacyfik	Ocean Indyjski
Atlantshaf	Kyrrahaf	Indlandshaf

Ocean Antarktyczny	Ocean Arktyczny	Biegun północny
Suður-Íshaf	Norður-Íshaf	Norðurpóll

Ziemia - Jörð

Biegun południowy Suðurpóll	**Antarktyda** Suðurskautslandið	**Ziemia** Jörð
Kraj land	**Morze** sjór	**Wyspa** eyja
Naród þjóð	**Państwo** ríki	

Zegar
klukka

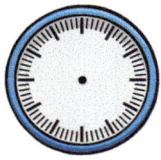

Cyferblat	Wskazówka godzinowa	Wskazówka minutowa
klukkuskífa	litli vísir	stóri vísir
Wskazówka sekundowa	Która godzina?	Dzień
sekúnduvísir	Hvað er klukkan?	dagur
Czas	teraz	Zegarek digitalny
tími	nú	tölvuúr
Minuta	Godzina	
mínúta	klukkustund	

Zegar - klukka

Tydzień
vika

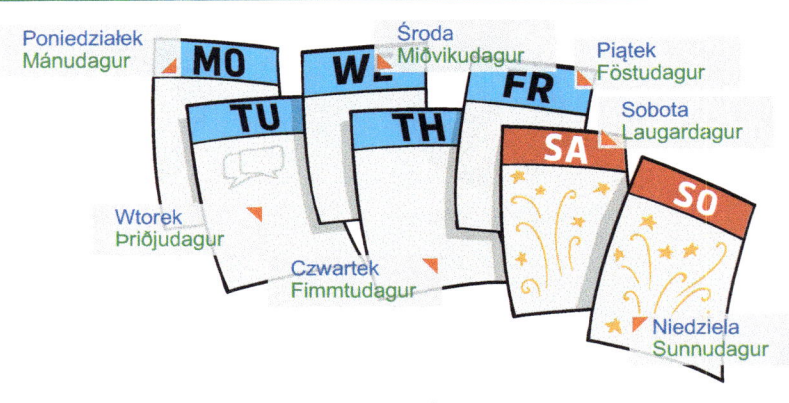

Poniedziałek — Mánudagur
Wtorek — Þriðjudagur
Środa — Miðvikudagur
Czwartek — Fimmtudagur
Piątek — Föstudagur
Sobota — Laugardagur
Niedziela — Sunnudagur

wczoraj — í gær

dzisiaj — í dag

jutro — á morgun

Rano — morgunn

Południe — hádegi

Wieczór — kvöld

Dni robocze — virkir dagar

Weekend — helgi

Rok
ár

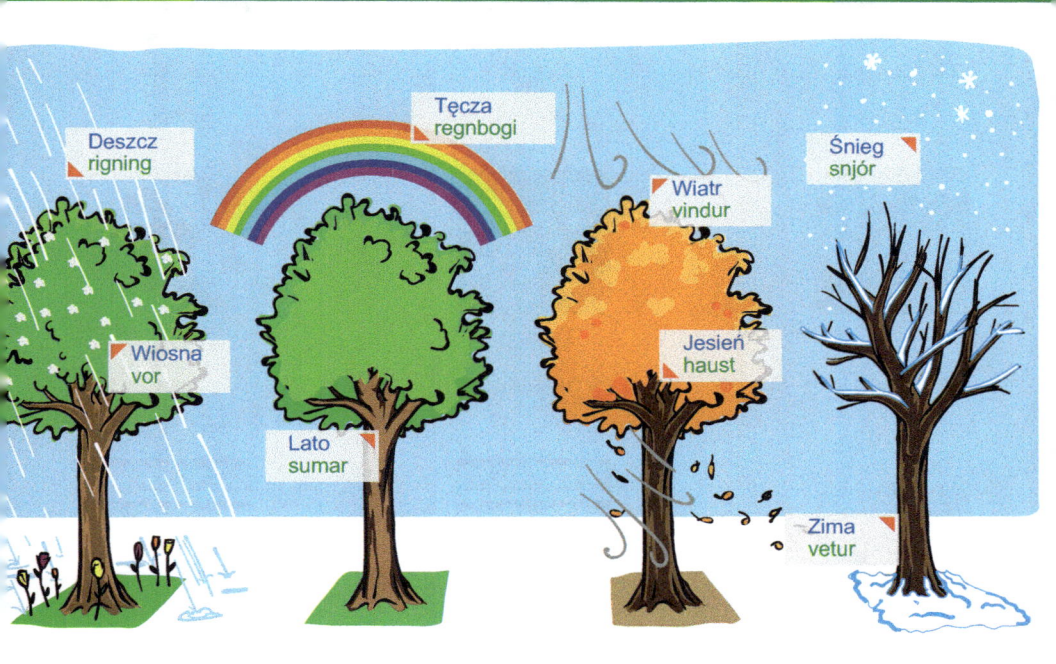

- Deszcz — rigning
- Tęcza — regnbogi
- Śnieg — snjór
- Wiosna — vor
- Wiatr — vindur
- Jesień — haust
- Lato — sumar
- Zima — vetur

Prognoza pogody
veðurspá

Termometr
hitamælir

Światło słoneczne
sólskin

Chmura
ský

Mgła
þoka

Wilgotność powietrza
raki

Rok - ár

Błyskawica	**Grzmot**	**Sztorm**
eldingar	þrumuveður	stormur
Grad	**Monsun**	**Potop**
haglél	monsún	flóð
Lód	**Styczeń**	**Luty**
ís	Janúar	Febrúar
Marzec	**Kwiecień**	**Maj**
Mars	Apríl	Maí
Czerwiec	**Lipiec**	**Sierpień**
Júní	Júlí	Ágúst

Rok - ár

Wrzesień
September

Październik
Október

Listopad
Nóvember

Grudzień
Desember

Kształty
form

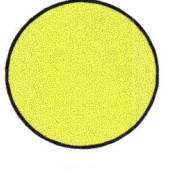

Koło
hringur

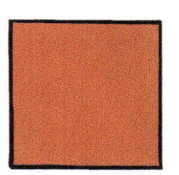

Kwadrat
ferningur

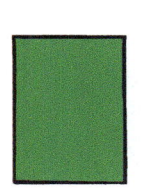

Prostokąt
rétthyrningur

Trójkąt
þríhyrningur

Kula
kúla

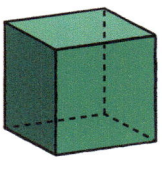

Sześcian
teningur

Kolory
litir

polski	íslenska
biały	hvítur
żółty	gulur
pomarańczowy	appelsínugulur
różowy	bleikur
czerwony	rauður
liliowy	fjólublár
niebieski	blár
zielony	grænn
brązowy	brúnn
szary	grár
czarny	svartur

Przeciwieństwa
andstæður

dużo / mało
mikið / lítið

wściekły / spokojny
reiður / rólegur

piękny / brzydki
fallegur / ljótur

początek / koniec
upphaf / endir

duży / mały
stór / lítill

jasny / ciemny
bjartur / dimmur

brat / siostra
bróðir / systir

czysty / brudny
hreinn / óhreinn

kompletny / niekompletny
heill / ófullnægjandi

dzień / noc
dagur / nótt

umarły / żywy
dauður / lifandi

szeroki / wąski
breiður / mjór

jadalny / niejadalny	zły / uprzejmy	podniecony / znudzony
ætur / óætur	vondur / góður	spenntur / leiður
gruby / chudy	najpierw / na końcu	przyjaciel / wróg
feitur / mjór	fyrstur / síðastur	vinur / óvinur
pełen / pusty	twardy / miękki	ciężki / lekki
fullur / tómur	harður / mjúkur	þungur / léttur
głód / pragnienie	chory / zdrowy	nielegalny / legalny
svangur / þyrstur	lasinn / heilbrigður	ólöglegur / löglegur
inteligentny / głupi	lewo / prawo	bliski / daleki
greindur / heimskur	vinstri / hægri	nálægur / fjarlægur

Przeciwieństwa - andstæður

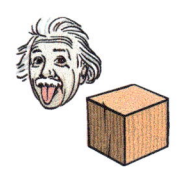

nowy / używany	nic / coś	stary / młody
nýr / notaður	ekkert / eitthvað	gamall / ungur
włącz / wyłącz	otwarty / zamknięty	cichy / głośny
kveikt / slökkt	opna / loka	Lágvær / hávær
bogaty / biedny	prawidłowy / błędny	chropowaty / gładki
ríkur / fátækur	rétt / rangt	grófur / sléttur
smutny / szczęśliwy	krótki / długi	powolny / szybki
rgbitinn / hamingjusamur	stutt / lengi	hægt / hratt
mokry / suchy	ciepły / chłodny	wojna / pokój
blautur / þurr	heitur / kaldur	stríð / friður

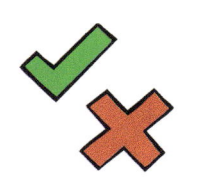

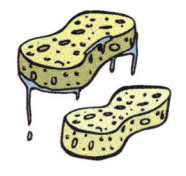

Przeciwieństwa - andstæður

Liczby
tölur

0 zero / núll

1 jeden / einn

2 dwa / tveir

3 trzy / þrír

4 cztery / fjórir

5 pięć / fimm

6 sześć / sex

7 siedem / sjö

8 osiem / átta

9 dziewięć / níu

10 dziesięć / tíu

11 jedenaście / ellefu

12 dwanaście / tólf

13 trzynaście / þrettán

14 czternaście / fjórtán

15 piętnaście / fimmtán

16 szesnaście / sextán

17 siedemnaście / sautján

18 osiemnaście / átján

19 dziewiętnaście / nítján

20 dwadzieścia / tuttugu

100 sto / hundrað

1.000 tysiąc / þúsund

1.000.000 milion / milljón

Liczby - tölur

Języki
tungumál

Angielski	Angielski amerykański	Chiński mandaryński
Enska	Amerísk enska	Mandarin-kínverska
Hindi	Hiszpański	Francuski
Hindí	Spænska	Franska
Arabski	Rosyjski	Portugalski
Arabíska	Rússneska	Portúgalska
Bengalski	Niemiecki	Japoński
Bengali	Þýska	Japanska

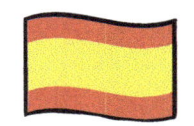

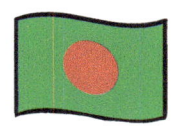

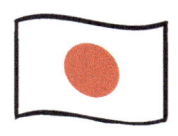

kto / co / jak
hver / hvað / hvernig

ja / ég	ty / þú	on / ona / ono — hann / hún / það
my / við	wy / þú	oni / þeir
kto? / hver?	co? / hvað?	jak? / hvernig?
gdzie? / hvar?	kiedy? / hvenær?	Nazwisko / nafn

kto / co / jak - hver / hvað / hvernig

gdzie
hvar

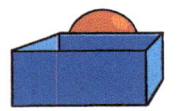

za
bakvið

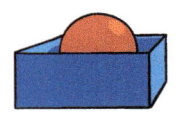

w
í

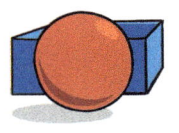

przed
fyrir framan

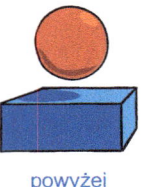

powyżej
yfir

na
á

pod
undir

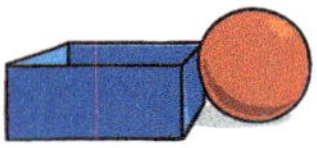

obok
við hliðina

między
milli

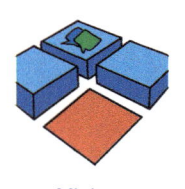

Miejsce
sæti